AF232840

RÉPUBLIQUE FRANÇAISE.

MINISTÈRE DE LA GUERRE.

DÉCISION PRÉSIDENTIELLE DU 11 MARS 1895

RELATIVE AUX

TARIFS DE SOLDE

APPLICABLES AUX PERSONNELS FAISANT PARTIE DE

L'EXPÉDITION DE MADAGASCAR

(Extrait du *Bulletin officiel*, partie supplémentaire, année 1895.)

PARIS	LIMOGES
11, Place Saint-André-des-Arts.	46, Nouvelle Route d'Aixe, 46.

Henri CHARLES-LAVAUZELLE

Éditeur militaire.

1895

RÉPUBLIQUE FRANÇAISE.

MINISTÈRE DE LA GUERRE.

Décision présidentielle relative aux mesures et tarifs complémentaires nécessaires pour les personnels faisant partie de l'expédition de Madagascar. (5ᵉ Direction ; Solde et Indemnité de route.)

Paris, le 11 mars 1895.

RAPPORT AU PRÉSIDENT DE LA RÉPUBLIQUE FRANÇAISE.

Monsieur le Président,

Par décision du 18 janvier dernier, vous avez bien voulu approuver divers tarifs comprenant la solde, les accessoires de solde, le taux des hautes payes, des indemnités de rengagement et des indemnités d'entrée en campagne, ainsi que le nombre des rations de vivres, de chauffage et de fourrages à attribuer aux personnels de l'armée de terre appelés à faire partie du corps expéditionnaire de Madagascar. Ces tarifs sont aujourd'hui applicables aux troupes de la marine.

J'ai l'honneur de vous proposer de compléter la mesure en déterminant le taux de diverses autres allocations dont les fixations étaient, pour le plus grand nombre, subordonnées à l'organisation définitive du corps expéditionnaire et qui peuvent être réglées aujourd'hui.

1ᵉ Indemnités pour frais de service.

Pour la période de séjour à Madagascar, du débarquement au jour du rembarquement, il est équitable de tenir compte des dépenses spéciales qui doivent incomber aux officiers pourvus pendant la campagne d'un emploi donnant droit à l'indemnité pour frais de service.

A cet égard, j'ai pensé qu'il convenait de déterminer les allocations dont il s'agit en s'inspirant, d'une manière générale, des fixations qui ont été admises dans une circonstance à peu près semblable, lorsque le corps expéditionnaire du Tonkin a été, en 1886, transformé en division d'occupation, sauf cependant à régler, par voie d'analogie, les indemnités pour les emplois nouveaux que comporte la formation particulière du corps de Madagascar. Les règles d'allocation seraient celles actuellement en vigueur.

J'ai fait établir, en conséquence, le tarif nᵒ 7 ci-joint qui indique les indemnités pour frais de service à attribuer pendant le séjour dans l'île.

Mais ce tarif ne saurait être appliqué pendant la traversée, depuis l'embarquement, attendu que les dépenses ne peuvent en rien être comparées à celles résultant de l'exercice des fonctions pendant l'expédition.

Conformément à des précédents, les indemnités à attribuer pendant la période de traversée devraient être celles prévues par les tarifs du pied de paix pour les fonctions qui paraissent présenter le plus d'analogie avec celles de même nature du corps expéditionnaire.

Le tarif n° 8, également ci-joint, détermine le taux des indemnités dont il s'agit, ainsi que les commandements ou fonctions qui devront en bénéficier.

Ce tarif est applicable à la marine lorsque les emplois sont remplis par des officiers appartenant à ce département.

2° Indemnités pour frais de bureau.

Selon le principe posé plus haut, les fixations déjà admises pour le Tonkin m'ont paru également devoir être employées pour l'expédition de Madagascar, toutes les fois que cela a été possible, eu égard à l'analogie des emplois.

Mais le corps expéditionnaire de Madagascar comporte diverses formations ou emplois qui n'existaient pas lors de l'expédition du Tonkin.

De plus, en raison de l'application aux corps de troupe de l'armée de terre (à l'exception de la gendarmerie) du mode de comptabilité en campagne prévu par le décret du 10 juin 1889, j'ai dû me préoccuper des indemnités de nature toute spéciale à attribuer, soit aux officiers comptables des corps de troupe à Madagascar, soit aux officiers chefs des bureaux de comptabilité ou chargés de liquider les comptes sur le continent.

Dans tous les cas et pour la détermination des diverses indemnités pour frais de bureau, j'ai cherché à tenir compte des besoins dans les limites équitablement désirables. J'ai la conviction que, dans ces conditions, les indemnités pour frais de bureau — qui font l'objet du tarif n° 9 ci-joint — donneront suffisante satisfaction aux intéressés.

Ces indemnités seront attribuées dans les conditions suivantes aux titulaires des fonctions ou emplois énumérés dans le tarif, savoir :

1° Pour les officiers comptables des corps ou pour les officiers chargés d'administrer les fractions de corps désignés pour Madagascar, du jour où lesdits corps ou fractions de corps (régiments, bataillons, escadrons, batteries, compagnies du génie et du train) doivent appliquer la comptabilité en campagne, conformément aux instructions qui ont été données à ce sujet ;

2º Pour les officiers pourvus d'une fonction ne devant exister qu'après le débarquement à Madagascar (commandant de place, chef du parc du génie, etc.) et pour les officiers comptables chargés d'un service dans des conditions analogues (comptables des subsistances, des hôpitaux, officiers d'approvisionnement, etc.), du jour de la prise de possession effective de l'emploi ;

3º Pour les chefs de bureau de comptabilité ou les officiers chargés de la liquidation sur le continent des comptes des éléments du corps expéditionnaire, du jour fixé pour l'installation des bureaux de comptabilité ou le commencement de l'apurement des comptes, selon les règles que je vous prie de me laisser la faculté de déterminer à cet égard et qui seront comprises dans une instruction ministérielle d'ensemble.

Les indemnités de frais de bureau applicables aux troupes de la marine aux colonies, étant établies sur des bases différentes, restent en vigueur pour ces troupes.

3º Indemnités de première mise d'équipement.

Suivant les tarifs applicables aux corps de troupe de la marine, les sous-officiers promus adjudants ou officiers pendant leur séjour aux colonies ont droit à une indemnité de première mise d'équipement calculée en prenant pour base les fixations prévues pour ceux qui sont promus en France et en augmentant de moitié le montant de l'allocation.

Il m'a semblé que des dispositions analogues, qui s'expliquent par le prix plus élevé des effets aux colonies, devaient également être prises à l'égard des sous-officiers de l'armée de terre promus adjudants ou officiers pendant la durée de l'expédition de Madagascar.

Le tarif nº 10 ci-joint, établi en prenant pour base les fixations du tarif nº 22 du décret du 27 décembre 1890, donne le montant des premières mises d'équipement à allouer durant l'expédition aux sous-officiers promus adjudants ou officiers dans l'armée de terre.

Pour les mêmes raisons, tout officier passant pour la première fois à Madagascar d'une position à pied à une position montée, recevrait une indemnité de harnachement de 225 francs au lieu de 150 francs (taux de France), et une mention dans ce sens figure au tarif nº 10.

4º Indemnités pour pertes de chevaux.

En principe, les officiers de tous grades et assimilés appelés à prendre part à l'expédition de Madagascar doivent être remontés à titre gratuit en chevaux d'Afrique.

Toutefois, lorsqu'ils le demanderont, les officiers remontés à titre onéreux en chevaux français pourront être autorisés à emmener les montures leur appartenant.

Le droit à l'endemnité de perte de chevaux ne s'ouvrira, par suite, que dans les cas exceptionnels où ces derniers officiers viendraient à perdre les chevaux, leur propriété.

Dans ces circonstances, les indemnités pour pertes de chevaux seraient attribuées, sans l'intervention du Ministre, conformément aux indications de l'article 14, tableau 2, n° 16 A du décret du 29 mai 1890, et les règles applicables pour les chevaux tués dans une affaire contre l'ennemi ou perdus par suite de captivité (sauf le cas de capitulation) seraient également suivies pour les pertes résultant de causes de force majeure et dans un service commandé.

5° Indemnités pour pertes d'effets.

D'après l'article 14, tableau 2, n° 17 du décret du 29 mai 1890, les indemnités pour pertes d'effets déterminées par le tarif n° 24 annexé au décret du 27 décembre 1890 sont dues aux intéressés qui, ayant été faits prisonniers de guerre autrement que par capitulation et étant de retour des prisons de l'ennemi, reçoivent l'ordre de rentrer en campagne immédiatement.

Dans les autres cas, le Ministre décide. De même, lorsque la perte a eu lieu dans un service commandé et par cas de force majeure, l'indemnité ne doit être accordée que par le Ministre.

En raison de l'éloignement, et pour ne pas retarder trop longtemps le payement des indemnités pour pertes d'effets survenues dans ces dernières circonstances, je crois devoir vous proposer de laisser, à titre exceptionnel, au général commandant le corps expéditionnaire de Madagascar le soin d'en déterminer le montant au lieu et place du Ministre dans les conditions réglementaires et dans la limite du tarif n° 24 annexé au décret du 27 décembre 1890 pour les pertes d'effets aux militaires non prisonniers de guerre.

Pour les pertes de chevaux et d'effets, les troupes de la marine restent régies par leur réglementation et leurs tarifs.

6° Allocations au personnel de la trésorerie.

Aux termes des articles 12 et 13 du décret du 24 mars 1877, portant règlement d'administration publique sur le service de la trésorerie et des postes aux armées, les agents de ce service ont droit, sur les fonds du ministère des finances, aux prestations en deniers ci-après :

1° Traitement normal pour lequel ils sont inscrits dans le cadre des administrations financières ;

2° Indemnité spéciale de service calculée de manière à parfaire, s'il y a lieu, les émoluments attribués à leur grade dans le service de la trésorerie ;

3° Indemnité d'entrée en campagne.

Mais, comme la loi du 7 décembre 1894, relative aux dépenses de l'expédition de Madagascar, n'a mis pour cet objet aucun crédit à la disposition du département des finances, la totalité de la dépense, dans ce cas spécial, ne peut qu'être imputée aujourd'hui sur les fonds ouverts au ministère de la guerre pour le service de la solde par l'article 1er de ladite loi.

En outre de leur solde proprement dite, fixée par M. le Ministre des finances, il m'a semblé qu'il convenait aussi d'attribuer aux agents de la trésorerie, pour les mettre sur le même pied que les officiers, l'indemnité de séjour, l'indemnité en marche et l'indemnité de monture, calculées d'après la correspondance de grade, ainsi que, dans certains cas, une indemnité spéciale pour frais de service et de bureau afin de leur tenir compte des dépenses résultant de leurs fonctions particulières.

J'ai fait, en conséquence, établir, après entente avec l'administration des finances, le tarif n° 11 ci-joint, comprenant :

1° La solde normale, fixée par un arrêté du Ministre des finances, en date du 23 mai 1877 ;

2° Les indemnités de séjour, de monture et en marche ;

3° L'indemnité de frais de service et de bureau ;

4° L'indemnité d'entrée en campagne ;

5° Une indemnité journalière au personnel militaire remplissant les fonctions de sous-agents.

La solde sera attribuée aux intéressés du jour de leur départ du lieu de leur résidence en France ou en Algérie et en Tunisie, au jour de leur rentrée en France, en Algérie ou en Tunisie.

Mais les indemnités journalières de séjour, de monture et en marche seront, ainsi que l'indemnité de frais de service et de bureau, dues seulement pendant la durée du séjour à Madagascar, du jour du débarquement au jour du rembarquement au retour. Toutefois, pendant les séjours dans les hôpitaux et ambulances, les intéressés reverseront, ainsi que cela a été prescrit pour les officiers, le montant de l'indemnité en marche au titre du service de santé, pour frais de nourriture.

Les agents de la trésorerie auront droit en outre aux prestations en nature (vivres, chauffage et fourrages) dans les mêmes conditions que les officiers, suivant la correspondance de grade indiquée à l'article 16 du décret du 24 mars 1877.

Enfin, les agents de la trésorerie, pendant leur séjour dans l'île, recevront, lorsqu'il y aura lieu et possibilité de le faire, le logement en nature dans les conditions qui seront déterminées par le général commandant le corps expéditionnaire.

7° Solde et accessoires de solde du personnel de la prévôté.

Les officiers membres de la prévôté doivent être traités comme les autres officiers faisant partie du corps expéditionnaire et recevoir, conséquemment, les allocations déterminées, selon le grade, par la décision présidentielle du 18 janvier dernier.

Quant aux militaires de la prévôté, prélevés sur les corps de gendarmerie relevant du département de la guerre, il y a lieu, équitablement, de les admettre au bénéfice de la solde prévue pour les sous-officiers et gendarmes coloniaux par le tarif n° 2 annexé à la décision présidentielle du 26 août 1880, complétée par la décision présidentielle du 23 décembre 1891.

Je pense qu'il conviendrait, en outre, de leur attribuer, comme aux sous-officiers employés militaires, une indemnité en marche fixée à 1 franc par jour, quel que soit le grade.

Enfin, le taux des hautes payes auxquelles les intéressés auraient droit suivant les années de service doit également être doublé, pour les mettre sur le même pied que les gendarmes coloniaux.

Le tarif n° 12 ci-joint donne le montant de ces diverses allocations, qui seront attribuées seulement du jour du débarquement au jour du rembarquement au retour.

Pendant la traversée, les intéressés recevront seulement les allocations déterminées par les tarifs du pied de paix.

Le même tarif n° 12 comporte également le taux de l'indemnité de première mise d'équipement à attribuer aux sous-officiers de gendarmerie promus officiers aux colonies.

Au point de vue des indemnités pour pertes d'effets et de chevaux, les officiers de la prévôté seront, s'il y a lieu traités comme les autres officiers du corps expéditionnaire, et les règles indiquées aux paragraphes 4 et 5 ci-dessus leur seront appliquées.

En ce qui concerne les hommes de troupes de la prévôté appartenant à l'armée de terre, lesquels font tous partie de l'arme à pied, les indemnités pour pertes d'effets seront attribuées dans les conditions indiquées au règlement du 30 décembre 1892 (art. 13 tableau 2, n° 20), sous cette réserve que pour les mêmes motifs que plus haut, les indemnités seront accordées par le général commandant le corps expéditionnaire dans tous les cas où la décision était réservée au Ministre par le règlement.

8° Auxiliaires du train.

Le recrutement des conducteurs auxiliaires du train des équipages (Kabyles, Sénégalais, etc.) s'effectue en territoire colonial conformément aux instructions spéciales qui ont réglementé la question.

Certains avantages spéciaux, à titre de prime notamment, pourront être faits tant aux recruteurs qu'à une partie des coolies; mais, à cause de leur caractère même, j'ai l'honneur de vous prier de vouloir bien me laisser le soin d'en déterminer la quotité et les conditions de paiement.

9° Prisonniers de guerre.

Le règlement du 21 mars 1893 sur les prisonniers de guerre et les tarifs y annexés ne me paraissent pas pouvoir être appliqués d'une manière générale à l'expédition de Madagascar.

Toutefois, le tarif n° 3 (Indemnités pour frais de bureau), dont les fixations sont reproduites au tarif numéroté 13 ci-joint, resterait applicable, s'il y a lieu, au personnel chargé de la surveillance des dépôts de prisonniers de guerre ou de la conduite de convois. Mais, par dérogation au tarif n° 2, il me semblerait suffisant d'attribuer, le cas échéant, à tout prisonnier de guerre fait à Madagascar, une ration journalière à déterminer, à l'exclusion de toute allocation en argent.

Je résoudrai, d'ailleurs, selon les circonstances, les questions qui pourraient être soulevées ultérieurement à cet égard.

10° Tarifs des rations de fourrages.

D'après la décision présidentielle du 18 janvier 1895, les rations de fourrages à attribuer au personnel du corps expéditionnaire seront celles du tarif du 16 mai 1894 (pied de guerre).

Mais les difficultés de ravitaillement et de transport ne permettront pas d'appliquer les fixations dudit tarif dans leur intégrité aux officiers, fonctionnaires et assimilés à Madagascar.

Il y a donc lieu de considérer ces fixations comme un maximum qui pourra ne pas être atteint, et j'ai, par suite, l'honneur de vous proposer de décider que le nombre de montures pour le personnel du corps expéditionnaire sera fixé par un tarif et modifié, s'il y a lieu, par M. le général commandant le corps, sous la réserve de ne pas dépasser la limite maxima du tarif du 16 mai 1894.

Ce tarif, ainsi déterminé, sera applicable aux officiers et employés militaires de l'armée de mer comme à ceux de l'armée de terre.

Enfin, j'ai également l'honneur de vous demander d'approuver que, exceptionnellement et pour tenir compte de leur situation spéciale à Madagascar, certains personnels, notamment les archivistes, pourront être pourvus d'un cheval et auront droit, par suite, à l'indemnité de première mise de harnachement, à une ration de fourrages et à l'indemnité de monture pendant la durée de l'expédition.

11° Masse d'entretien du harnachement et ferrage.

Les allocations à faire à ce titre pour les chevaux d'officier appartenant à l'Etat ou pour les chevaux de troupe des corps à cheval et des compagnies de sapeurs-mineurs du génie auront lieu dans les conditions réglementaires et d'après les fixations prévues pour le pied de guerre par le tarif n° 28 annexé au décret du 27 décembre 1890 (tableau 1).

Pour les corps de troupes d'infanterie, l'allocation par animal de selle (officier), de trait ou de bât appartenant à l'Etat, en service à Madagascar, sera également celle du tarif n° 28 (tableau 2).

Mais, au lieu d'une allocation annuelle en bloc pour l'entretien des voitures et harnais telle qu'elle est déterminée par le même tarif, il m'a paru préférable de vous proposer d'attribuer une allocation spéciale qui serait perçue pour chaque voiture ou harnais en service dans les corps d'infanterie pendant l'expédition de Madagascar.

Bien que les voitures du corps expéditionnaire soient d'un modèle tout spécial, j'ai pensé néanmoins que l'allocation dont il s'agit devrait être celle déterminée par le règlement du 28 février 1883 pour les voitures à deux roues actuellement en usage dans l'infanterie, cette allocation se justifiant d'ailleurs par l'usure plus rapide qu'il y a lieu de prévoir en raison du service à accomplir dans l'espèce.

Par suite, les corps d'infanterie auraient droit à une allocation sur le pied de 40 francs par an pour chacune des voitures qui leur seraient affectées ou dont ils seraient chargés, ou sur le pied de 14 francs par chaque harnais en service dans les mêmes conditions.

Ces fixations sont applicables aux troupes de la marine pourvues de voitures.

Telles sont, Monsieur le Président, les propositions que j'ai l'honneur de soumettre à votre haute approbation, en vue de compléter les mesures que vous avez déjà adoptées, le 18 janvier 1895, à l'égard des personnels faisant partie de l'expédition de Madagascar.

J'espère que ces nouvelles dispositions permettront de faire face à tous les besoins.

Il peut se faire néanmoins qu'il devienne ultérieurement nécessaire d'apporter des modifications, soit à certains tarifs (tarif d'indemnités pour frais de bureau ou de service, par exemple, si des emplois nouveaux sont créés), soit, d'une manière générale, à des points de détail concernant l'administration ou la régularisation des dépenses.

Si vous approuvez les propositions et les tarifs que je viens de vous soumettre, j'ai l'honneur de vous prier de vouloir bien revêtir de votre signature le présent rapport.

Veuillez agréer, monsieur le Président, l'hommage de mon respectueux dévouement.

Le Ministre de la guerre,
Signé : Gal ZURLINDEN.

APPROUVÉ :

Le Président de la République,
Signé : FÉLIX FAURE.

TARIFS.

TARIF Nº 7. — **Indemnités pour frais de service sur le pied colonial.**

GRADES ET EMPLOIS.	FIXATION budgétaire de l'indemnité par an.	A DÉDUIRE l'abonnement au *Journal officiel.*	SOMME NETTE A PAYER		
			par an.	par mois.	par jour.
	fr. c.	fr. c.	fr. c.	fr. c.	fr. c.
1º ÉTATS-MAJORS ET SERVICES DIVERS.					
Général commandant le corps expéditionnaire	25.240 »	40 »	25.200 »	2.100 »	70 »
Chef d'état-major du corps expéditionnaire	11.506 »	40 »	11.466 »	955 50	31 85
Général commandant une brigade	4.450 »	40 »	4.410 »	367 50	12 25
Sous-chef d'état-major du corps expéditionnaire, chef du service des renseignements	2.412 »	»	2.412 »	201 »	6 70
Directeur du service de l'intendance { s'il est du grade d'intendant	8.140 »	40 »	8.100 »	675 »	22 50
{ s'il est du grade de sous-intendant	7.384 »	40 »	7.344 »	612 »	20 40
Fonctionnaire de l'intendance, chef de service	2.920 »	40 »	2.880 »	240 »	8 »
Officier supérieur commandant l'artillerie du corps expéditionnaire	3.730 »	40 »	3.690 »	307 50	10 25
Officier supérieur commandant les batteries	2.412 »	»	2.412 »	201 »	6 70
Officier supérieur directeur du parc d'artillerie / Officier supérieur commandant l'artillerie des étapes	1.800 »	»	1.800 »	150 »	5 »
Officier supérieur directeur du service des étapes / Officier supérieur commandant le génie du corps expéditionnaire	3.730 »	40 »	3.690 »	307 50	10 25
Officier supérieur commandant le génie des étapes	1.800 »	»	1.800 »	150 »	5 »
Officier supérieur commandant le 30ᵉ escadron du train	2.412 »	»	2.412 »	201 »	6 70
Directeur du service de santé { s'il est du grade de médecin inspecteur	4.000 »	40 »	3.960 »	330 »	11 »
{ s'il est du grade de médecin principal	3.226 »	40 »	3.186 »	265 50	8 85
Médecin-chef { de l'hôpital d'évacuation et du magasin de réserve	2.880 »	»	2.880 »	240 »	8 »
{ d'un hôpital de campagne	1.800 »	»	1.800 »	150 »	5 »
{ d'une ambulance	1.206 »	»	1.206 »	100 50	3 35
{ du sanatorium	1.800 »	»	1.800 »	150 »	5 »
Directeur du service vétérinaire	1.710 »	»	1.710 »	142 50	4 75
Officier supérieur, grand prévôt	2.412 »	»	2.412 »	201 »	6 70
2º CORPS DE TROUPES.					
Colonel ou lieutenant-colonel commandant un régiment	3.604 »	40 »	3.564 »	297 »	9 90
Chef de bataillon commandant un bataillon de chasseurs à pied	1.584 »	»	1.584 »	132 »	4 40

TARIF Nº 8. — Indemnité pour frais de service pendant la période de traversée.

GRADES ET EMPLOIS.	FIXATION budgétaire de l'indemnité par an.	A DÉDUIRE l'abonnement au *Journal officiel*.	SOMME NETTE A PAYER		
			par an.	par mois.	par jour.
	fr. c.	fr. c.	fr. c.	fr. c.	fr. c.
Général commandant le corps expéditionnaire	11.380 »	40 »	11.340 »	945 »	31 50
Chef d'état-major du corps expéditionnaire	4.414 »	40 »	4.374 »	364 50	12 15
Général commandant une brigade	3.370 »	40 »	3.330 »	277 50	9 25
Commandant de l'artillerie du corps expéditionnaire Commandant du génie du corps expéditionnaire	2.398 »	40 »	2.358 »	196 50	6 55
Sous-intendant directeur du service de l'intendance	3.856 »	40 »	3.816 »	318 »	10 60
Directeur du service de santé	2.614 »	40 »	2.574 »	214 50	7 15
Fonctionnaire de l'intendance chargé d'un service	742 »	40 »	702 »	58 50	1 95
Colonel ou lieutenant-colonel commandant un régiment	2.272 »	40 »	2.232 »	186 »	6 20
Officier supérieur commandant un bataillon formant corps	864 »	»	864 »	72 »	2 40
Officier supérieur commandant les batteries du 38º régiment d'artillerie	522 »	»	522 »	43 50	1 45
Officier supérieur commandant le 30º escadron du train des équipages militaires	720 »	»	720 »	60 »	2 »
Directeur du service vétérinaire Officier supérieur, grand prévôt	522 »	»	522 »	43 50	1 45

TARIF N° 9. — **Indemnités pour frais de bureau.**

GRADES ET EMPLOIS.	SOMME NETTE A PAYER			OBSERVATIONS.
	par an.	par mois.	par jour.	
	fr. c.	fr. c.	fr. c.	
Officier suppléant du sous-intendant militaire	720 »	60 »	2 »	
Commandant de place	900 »	75 »	2 50	
Major de garnison	306 »	25 50	» 85	
Officier chef du service géographique	612 »	51 »	1 70	
Officier chef du parc du génie	306 »	25 50	» 85	
Officier chef du service de la télégraphie	162 »	13 50	» 45	
Médecin-chef du service sanitaire d'un corps de troupes	90 »	7 50	» 25	
Capitaine ou lieutenant commandant de la force publique	612 »	51 »	1 70	
Maréchal des logis, greffier comptable de la prévôté	720 »	60 »	2 »	
Officier commandant { un dépôt d'isolés / un dépôt de remonte	720 »	60 »	2 »	
Officier d'administration comptable { du sanatorium / du magasin de réserve / d'un hôpital d'évacuation	1.440 »	120 »	4 »	
{ d'un hôpital de campagne	1.080 »	90 »	3 »	
{ d'une ambulance	720 »	60 »	2 »	
Officier d'administration comptable du service des subsistances { d'une brigade / d'une boulangerie de campagne / du service des étapes	1.080 »	90 »	3 »	
{ de la base d'opérations	1.440 »	120 »	4 »	
Officier d'administration comptable du service de l'habillement	360 »	30 »	1 »	
Officier d'administration commandant une section d'infirmiers	396 »	33 »	1 10	La fixation est déterminée pour un effectif de 300 hommes. Au-dessus de 300 hommes, il est dû la majoration suivante par 150 hommes ou fraction de 150 hommes en sus, savoir : 90 fr. par an, 7 fr. 50 par mois, 25 centimes par jour.]
Officier d'administration commandant une section de commis				

GRADES ET EMPLOIS.	par an.	par mois.	par jour.	OBSERVATIONS.
Officier supérieur commandant un bataillon d'infanterie, détaché sans exercer le commandement supérieur du corps	396 »	33 »	1 10	
Officier exerçant le commandement d'un groupe de compagnies d'infanterie moindre d'un bataillon				
Officier supérieur commandant { un groupe de deux batteries d'artillerie / un groupe de compagnies du génie / un groupe de compagnies du train	396 »	33 »	1 10	
Officier-payeur { d'un bataillon de chasseurs à pied ou d'un bataillon d'infanterie opérant isolément	522 »	43 50	1 45	En outre : 72 fr. par unité en campagne administrée.
{ de deux bataillons d'infanterie opérant isolément ou d'un régiment complet d'infanterie	720 »	60 »	2 »	
Officier d'approvisionnement { du quartier général / d'un régiment d'infanterie complet / d'un groupe de quatre unités d'artillerie	1.080 »	90 »	3 »	
{ de deux bataillons d'infanterie / d'un groupe de trois unités d'artillerie	900 »	75 »	2 50	
{ d'un bataillon d'infanterie opérant isolément / d'un bataillon de chasseurs / d'un bataillon de tirailleurs opérant isolément / d'un groupe de deux unités d'artillerie	720 »	60 »	2 »	
{ d'un groupe de deux compagnies d'infanterie ou du génie	540 »	45 »	1 50	
{ d'une unité d'artillerie / d'une compagnie d'infanterie opérant isolément / d'un escadron de cavalerie / d'une compagnie du génie / d'une compagnie du train / d'une ambulance / d'un hôpital de campagne	360 »	30 »	1 »	
Officier commandant un détachement qui s'administre séparément et qui comprend : { une unité d'artillerie / une compagnie du génie / un escadron de cavalerie / une compagnie d'infanterie	306 »	25 50	0 85	
{ une compagnie du train	360 »	30 »	1 »	

GRADES ET EMPLOIS.			SOMME NETTE A PAYER			OBSERVATIONS.
			par an.	par mois.	par jour.	
			fr. c.	fr. c.	fr. c.	
Officier commandant un détachement qui s'administre séparément et qui comprend :	un détachement du génie............ un détachement du train des équipages. un peloton de cavalerie.............	de 100 hommes et plus.	306 »	25 50	0 85	
	un détachement	d'ouvriers d'administration d'infirmiers militaires..... de secrétaires d'état-major.	de 50 hommes et plus..	198 »	16 50	0 55	
		d'ouvriers d'artillerie...... d'artificiers.............	de moins de 50 hommes.	144 »	12 »	0 40	
Chef du bureau de comptabilité	du régiment d'infanterie d'Algérie............		684 »	57 »	1 90	En outre : 36 fr. par compagnie d'infanterie, du génie, du train; par batterie, section de munitions et de parc.
	du 200e régiment d'infanterie.............		594 »	49 50	1 65	
	du 40e bataillon de chasseurs.............		792 »	66 »	2 20	
	du 38e régiment d'artillerie.............		594 »	49 50	1 65	
	du 2e régiment du génie............. du 80e escadron du train.............		686 »	55 50	1 85	
Officier chargé de liquider les comptes	de la 30e section de commis et ouvriers............. de la 30e section d'infirmiers.............		252 »	21 »	0 70	Majoration de 90 fr. par 150 hommes et par an pour un effectif supérieur à 300 hommes.
	du détachement de la 2e compagnie d'ouvriers d'artillerie............. du détachement de la 1re compagnie d'artificiers.....		126 »	10 50	0 35	
	du détachement de secrétaires d'état-major (15e section) du 10e escadron du 1er chasseurs d'Afrique.............		378 »	31 50	1 05	

Tarif Nº 10. — Indemnité de première mise d'équipement sur le pied colonial.

DÉSIGNATION DES ARMES ET DES SERVICES.	Fixation de l'indemnité	OBSERVATIONS.
1° SOUS-OFFICIERS PROMUS OFFICIERS OU NOMMÉS A DES EMPLOIS DANS LES DIVERS SERVICES.		
Corps de troupe.	fr. c.	Une indemnité de 225 francs est attribuée dans les conditions du règlement à tout officier passant pour la première fois d'une position non montée à une position montée aux colonies.
Infanterie de ligne, chasseurs à pied, tirailleurs algériens	675 »	Les adjudants directement promus sous-lieutenants en campagne reçoivent la différence entre la première mise d'équipement d'adjudant et celle de sous-lieutenant, à moins que leur promotion n'entraîne un changement d'uniforme, cas auquel la première mise d'équipement leur est allouée.
Chasseurs d'Afrique	1.425 »	(1) Les sous-officiers promus sous-lieutenants dans les compagnies d'ouvriers d'artillerie ou d'artificiers, et qui passent ensuite aux colonies, avec ce grade ou celui de lieutenant dans un régiment d'artillerie, reçoivent un supplément de première mise fixé à 375 fr. Ce supplément n'est pas dû aux capitaines ni aux officiers qui ne sortent pas des sous-officiers.
Artillerie	1.425 »	De même, les sous-lieutenants des compagnies de mineurs ou de sapeurs qui passent aux colonies, dans les compagnies de sapeurs-conducteurs, ont droit à un supplément de première mise de 675 fr.
Ouvriers d'artillerie et artificiers (1)	1.050 »	(a) L'indemnité de première mise d'équipement à allouer aux gardes d'artillerie et aux adjoints du génie venant des adjudants montés ou équipés en hommes montés qui avaient reçu un manteau de l'Etat, doit être augmentée de 225 fr. pour leur permettre d'acheter un manteau d'officier.
Train des équipages militaires	1.350 »	Les sergents promus au grade d'adjudant dans le service de la justice militaire reçoivent un supplément de première mise de 450 fr.
Génie	675 »	En cas de mutation dans le service de la justice militaire, les sous-officiers ne reçoivent pas de nouvelle première mise.
Sapeurs-conducteurs du génie	1.350 »	Les fixations attribuées aux officiers ou employés militaires leur sont applicables lors même que, comme adjudants, ils auraient reçu une indemnité inférieure à celle déterminée pour ce dernier grade par le présent tarif.
Divers services.		
Service d'état-major. — Sous-officier nommé archiviste de 3e classe	675 »	
Etat-major particulier de l'artillerie. — Garde d'artillerie, venant des adjudants (a)	225 »	
Etat-major particulier de l'artillerie. — Garde d'artillerie, venant des autres sous-officiers / venant des ouvriers d'état / venant des gardiens de batterie	675 »	
Etat-major particulier de l'artillerie. — Contrôleur d'armes, venant des ouvriers immatriculés / venant des chefs armuriers	600 »	
Etat-major particulier de l'artillerie. — Ouvrier d'état / Gardien de batterie	255 »	
Etat-major particulier du génie. — Adjoint du génie, venant des adjudants (a)	225 »	
Etat-major particulier du génie. — Adjoint du génie, venant des autres sous-officiers / venant des ouvriers d'état	675 »	
Etat-major particulier du génie. — Ouvrier d'état	255 »	
Etat-major particulier du génie. — Portier-consigne	199 50	
Services administratifs.	Officier d'administration adjoint de 2e classe	195 »	
Interprète militaire. — Interprète auxiliaire de 2e classe	1.275 »	
Service de la justice militaire. — Officier d'adm. aide-comptable de 2e cl. et greffier de 4e cl.	165 »	
Service de la justice militaire. — Adjudant	450 »	
Service de la justice militaire. — Sergent huissier-appariteur et sergent	187 50	
Service de la justice militaire. — Adjudant agent principal et adjudant greffier	450 »	
Service de la justice militaire. — Sergent-fourrier et sergent surveillant	187 50	
2° SOUS-OFFICIERS PROMUS ADJUDANTS ET MILITAIRES NOMMÉS CHEFS ARMURIERS OU MAITRES SELLIERS.		
Infanterie et corps assimilés, tirailleurs, etc.	450 »	L'indemnité de première mise d'équipement n'est pas allouée de nouveau aux adjudants, aux chefs armuriers et maîtres selliers qui passent d'un corps dans un autre.
Train des équipages militaires	375 »	
Chasseurs d'Afrique	412 50	
Artillerie	375 »	
Génie	450 »	
Sapeurs-conducteurs du génie	375 »	
Adjudant élève d'administration	525 »	
Chef armurier et maître sellier	255 »	

TARIF Nº 11. — **Service de la trésorerie du corps expéditionnaire de Madagascar.**
Tarifs de solde et indemnités diverses à allouer au personnel de ce service.

GRADES ET EMPLOIS.		SOLDE normale annuelle fixée par l'arrêté du Ministre des finances du 23 mai 1877. (a)	INDEMNITÉ JOURNALIÈRE			INDEMNITÉ DE FRAIS DE SERVICE ET DE BUREAU			INDEM-NITÉ d'entrée en campa-gne. (4)	INDEMNITÉ journalière au personnel militaire remplissant des fonctions de sous-agents.
			de séjour.	de mon-ture. (3)	de marche.	par an.	par mois.	par jour.		
		fr.	fr. c.	fr. c.	fr. c.	fr.	fr. c.	fr. c.	fr.	fr. c.
Payeur principal (rang : colonel)	de 1re classe.......	9.000	11 40	0 50	4 »	4.000(1)	333 33	11 11	1.020	»
	de 2e classe.......	8.000								
	de 3e classe.......	7.000								
Payeurs particuliers (rang : chef de bataillon)	de 1re classe.......	6.000	8 30	0 50	4 »	720(2)	60 »	2 »	820	»
	de 2e classe.......	5.500								
	de 3e classe.......	5.000								
Payeur adjoint (rang : capitaine)	de 1re classe.......	4.000	6 90	0 50	3 »	»	»	»	720	»
	de 2e classe.......	3.500								
Commis de trésorerie (rang : sous-lieutenant)	de 1re classe.......	3.100	5 60	0 50	3 »	»	»	»	720	»
	de 2e classe.......	2.800								
	de 3e classe.......	2.500								
Personnel militaire :										
Sous-officier..............................		»	»	»	»	»	»	»	»	1 »
Brigadier et conducteur de mulets de bât.......		»	»	»	»	»	»	»	»	0 50
Soldat conducteur de voiture...................		»	»	»	»	»	»	»	»	0 25
Soldat gardien de caisse.........................		»	»	»	»	»	»	»	»	1 »

(1) Au payeur principal chef de service.
(2) Au payeur particulier remplissant les fonctions de chef de comptabilité.
(3) Cette indemnité n'est attribuée qu'aux agents qui sont réglementairement montés.
(4) Cette indemnité est accordée par analogie avec celle allouée aux officiers.
(a) La retenue de 5 p. 100 au profit du Trésor est exercée seulement sur le traitement normal pour lequel sont inscrites les catégories désignées au présent tarif dans le cadre du personnel des administrations financières auxquelles elles appartiennent.

TARIF Nº 12. — **Prévôté de Madagascar.**

GRADES.	SOLDE DE PRÉSENCE			INDEMNITÉ journalière en marche.	GRADES.	PAR JOUR.
	par an.	par mois.	par jour.			
	fr. c.	fr. c.	fr. c.	fr. c.		fr. c.
1º SOLDE ET INDEMNITÉ EN MARCHE.					2º HAUTES PAYES JOURNALIÈRES D'ANCIENNETÉ	
Adjudant.................	3.052 80	254 40	8 48		Sous-officiers, brigadiers (1re haute paye.........	0 60
Arme à cheval :					et gendarmes des deux { 2e haute paye........	1 »
Maréchal des logis chef.	2.808 »	234 »	7 80		armes............... (3e haute paye........	1 20
Maréchal des logis	2.532 »	211 »	7 »			
Brigadier...............	2.304 »	192 »	6 40		DÉSIGNATION DES PARTIES PRENANTES.	FIXATION DE l'indemnité (1).
Gendarme...............	1.944 »	162 »	5 40	1 »		
Arme à pied :						fr. c.
Maréchal des logis chef.	2.532 »	211 »	7 »		3º INDEMNITÉ DE PREMIÈRE MISE D'ÉQUIPEMENT.	
Maréchal des logis	2.214 »	184 50	6 15		Sous-officier de gendar- (monté..............	1.200 »
Brigadier...............	2.016 »	168 »	5 60		merie promu officier.. (non monté..........	900 »
Gendarme...............	1.656 »	138 »	4 60			

(1) Un supplément de 300 francs est alloué aux officiers qui ont reçu l'indemnité fixée pour l'arme à pied et qui passent ensuite à une position montée aux colonies.

TARIF Nº 13. — **Personnel chargé de la surveillance des dépôts de prisonniers de guerre ou de la conduite de convois de prisonniers de guerre.**

En outre des allocations de solde et indemnités auxquelles ils ont droit eu égard à leur grade, les commandants des dépôts de prisonniers de guerre et les comptables reçoivent une indemnité pour frais de bureau qui est déterminée par le tarif ci-après :

DÉSIGNATION.	TAUX DE L'INDEMNITÉ				OBSERVATIONS.
	PAR MOIS.		PAR JOUR.		
	Commandant du dépôt.	Comptable.	Commandant du dépôt.	Comptable.	
	fr. c.	fr. c.	fr. c.	fr. c.	Dans les unités constituées en dehors des dépôts,
Dépôt au-dessous de 400 hommes.	15 »	21 »	0 50	0 70	les commandants de ces unités et les comptables
Dépôt de 400 à 1,000 hommes.....	21 »	34 50	0 70	1 15	reçoivent les allocations déterminées par le présent
Dépôt de 1,001 à 2,000 hommes...	25 50	45 »	0 85	1 50	tarif, suivant la force des compagnies ou bataillons.
Dépôt au-dessus de 2,000 hommes.	30 »	51 »	1 »	1 70	Le bureau du comptable est fourni en nature.

NOTA. — Les frais de bureau à allouer au médecin chargé du service dans un dépôt de prisonniers de guerre sont ceux attribués au médecin chef de service dans un régiment d'infanterie

Note ministérielle pour l'application des décisions présidentielles des 18 janvier et 11 mars 1895, relatives aux tarifs de solde et accessoires à appliquer aux personnels faisant partie de l'expédition de Madagascar. (5ᵉ Direction; Solde et Indemnité de route.)

Paris, le 11 mars 1895.

Pour l'exécution des décisions présidentielles des 18 janvier et 11 mars 1895, relatives aux tarifs et accessoires de solde à appliquer aux personnels faisant partie de l'expédition de Madagascar, le Ministre fait connaître qu'il y a lieu de se conformer aux dispositions ci-après :

§ 1ᵉʳ. — *Solde, Avances de la solde, Indemnité d'entrée en campagne.*

D'après la décision présidentielle du 18 janvier 1895, l'indemnité d'entrée en campagne sur le pied du tarif du 27 décembre 1890, qui, d'ailleurs, est la même que celle applicable au personnel de la marine se rendant de France aux colonies, doit, d'une manière générale, être payée au port d'embarquement ; elle pourra toutefois, sur autorisation spéciale, être perçue au point de départ de la garnison et il en sera de même, sous les mêmes conditions, de l'avance de trois mois (officiers, sous-officiers employés militaires) ou d'un mois de solde (troupes marchant en corps ou en détachement).

Le payement aura lieu dans les conditions suivantes, et sans autre autorisation.

L'indemnité d'entrée en campagne et les avances de solde pourront être perçues après la réception des ordres de service et avant le départ de la garnison que quittent les officiers ou les détachements, si ces officiers ou détachements sont désignés pour se rendre directement au port d'embarquement. Dans le cas, au contraire, où les officiers ou détachements seraient appelés, non pas à rejoindre le port d'embarquement, mais à se rassembler sur un point déterminé avant de s'embarquer, l'indemnité d'entrée en campagne sera payée avant le départ de la garnison ; les avances de solde seront perçues au lieu de concentration, à la réception de l'ordre de se rendre au port d'embarquement.

Les indemnités et avances dont il s'agit seront perçues provisoirement au Trésor sur les fonds de l'exercice courant, ainsi qu'il est indiqué dans la décision présidentielle du 18 janvier 1895, mais les mandats établis à cet effet porteront en tête la mention « Expédition de Madagascar ».

En raison des conditions toutes spéciales dans lesquelles les différentes fractions des sections (commis et ouvriers d'administration, infirmiers militaires, secrétaires d'état-major) se rendent à Marseille, l'avance d'un mois de solde ne ser° pas effectuée au départ de la garnison. Dans ce cas particulier, ladite avance ne sera perçue qu'au port d'embarquement et lorsque les fractions dont il s'agit auront constitué le détachement définitif à embarquer au titre des 30⁰ section (commis et ouvriers, infirmiers militaires) et 15⁰ section (secrétaires d'état-major).

Les hommes du détachement de gendarmerie qui doit se réunir à Marseille pour faire partie de la prévôté recevront également au port d'embarquement, dans les conditions indiquées pour les sections, une avance d'un mois de solde sur le pied d'Europe.

Une avance de même quotité sera également attribuée, avant le départ de la garnison pour le port d'embarquement, aux ordonnances des officiers sans troupe, par le corps auquel ces ordonnances appartiendront ou dans lequel ils seront mis en subsistance au moment de leur départ.

Relativement aux soldes progressives d'ancienneté pour les capitaines, des crédits ont été proposés au projet de budget de 1895 pour qu'elles soient attribuées après cinq ans, huit ans et douze ans, au lieu de six, dix et treize, comme actuellement. Il doit être bien entendu que, si les crédits sont votés, les mesures qui en résulteront devront être appliquées aux officiers et assimilés du corps expéditionnaire aussi bien qu'à ceux de l'armée de terre restés sur le continent.

§ 2. — *Indemnité de monture.*

Le taux de l'indemnité de monture déterminée par le tarif n° 1 de la décision présidentielle du 18 janvier 1895 est entré en ligne de compte pour former, avec la solde et l'indemnité de séjour, le total de la solde coloniale la plus élevée qui, d'après ladite décision présidentielle, doit être attribuée aux militaires de l'armée de terre pendant la durée de l'expédition. Dans ces conditions, toutes spéciales, l'indemnité de monture constitue pour les officiers montés une sorte de supplément de solde due dans tous les cas, par ce seul fait qu'ils ont régulièrement droit à monture.

Par suite, l'indemnité de monture doit être attribuée selon le taux porté au tarif, quel que soit le nombre de chevaux possédés, et sont seuls exclus du bénéfice de cette allocation les officiers ou assimilés qui ne doivent pas être montés pendant l'expédition.

Ces dispositions s'appliquent aux officiers de l'armée de terre comme aux officiers de la marine.

§ 3. — *Indemnités pour frais de service.*

Les indemnités pour frais de service seront celles déterminées par les tarifs n°⁵ 7 et 8 annexés à la décision présidentielle du 11 mars 1895. Le tarif n° 7 est applicable pendant l'expédition à partir du débarquement à Madagascar, et le tarif n⁰ 8 seulement pendant la traversée, à compter de l'embarquement.

Toutefois, il y a lieu de tenir compte de ce que le 200⁰ régiment d'infanterie et le 40⁰ bataillon de chasseurs doivent être constitués et réunis sous le commandement de leur chef de corps un certain temps avant l'embarquement. Par suite, les indemnités pour frais de service prévues pour les commandants de ces corps par le tarif n⁰ 8 seront également attribuées du jour où, le corps étant constitué définitivement, les intéressés prendront possession de leurs fonctions. Un mode analogue sera suivi pour le commandant des batteries du 38⁰ régiment d'artillerie et pour le commandant du 30⁰ escadron du train des équipages militaires dans le cas où ils prendraient effectivement le commandement de leurs éléments respectifs avant l'embarquement.

§ 4. — *Indemnités pour frais de bureau.*

La décision présidentielle du 11 mars 1895 indique dans quelles conditions sont acquises les indemnités pour frais de bureau.

En ce qui concerne les officiers comptables des corps, ou les officiers chargés d'administrer les fractions de corps désignés pour Madagascar, les indemnités seront attribuées du jour où lesdits corps ou fractions de corps doivent appliquer la comptabilité en campagne.

Pour les chefs de bureau de comptabilité ou les officiers chargés de la liquidation, sur le continent, des comptes des éléments du corps expéditionnaire, les indemnités seront dues du jour fixé pour l'installation des bureaux de comptabilité ou le commencement de l'apurement des comptes.

Dans ces conditions, et usant de la faculté qui lui est ouverte par la décision présidentielle du 11 mars 1895, le Ministre décide que les bureaux de comptabilité seront installés ou, s'il n'y a pas lieu à constitution de bureau, l'apurement des comptes entrepris du jour où les corps ou les fractions du corps expéditionnaire auront commencé à appliquer le mode de comptabilité en campagne d'après les instructions spéciales qui ont été données pour la formation des éléments destinés à Madagascar.

§ 5. — *Personnel de la trésorerie et des postes.*

Le personnel de la trésorerie et des postes désigné pour faire partie de l'expédition de Madagascar doit recevoir, comme les officiers, dans les mêmes conditions et avant le départ, une avance de trois mois de solde et l'indemnité d'entrée en campagne d'après les taux indiqués au tarif n⁰ 11 annexé à la décision présidentielle du 11 mars 1895, en tenant compte de la retenue de 5 p. 100 indiquée au tarif.

Ces allocations seront payées dans la résidence des intéressés, sur le vu de leur lettre de service, et par imputation provisoire sur les fonds du chapitre 11 du budget. Les mandats porteront en tête la mention : « Expédition de Madagascar ».

Les allocations qui seront attribuées à ce personnel à Madagascar seront régularisées dans une revue spéciale, selon le mode adopté pour les officiers sans troupe.

§ 6. — *Personnel de la prévôté.*

Les soldes, accessoires de solde et indemnités à attribuer au personnel de la prévôté sont ceux déterminés par la décision présidentielle du 11 mars 1895. Les dépenses concernant ce personnel pendant l'expédition devront être régularisées de la même manière que celles des officiers sans troupe, c'est-à-dire sur des revues établies par les fonctionnaires de l'intendance à Madagascar, au titre du corps expéditionnaire, ainsi que cela s'est pratiqué au Tonkin et en raison du petit nombre de militaires composant la prévôté. Il ne sera donc pas créé de bureau de comptabilité pour la prévôté.

En ce qui concerne les militaires prélevés sur l'effectif de la gendarmerie de la Réunion pour concourir à la formation de la prévôté qui doit être attachée au corps expéditionnaire, ils devront être payés sur les crédits mis à la disposition du département de la guerre par la loi du 7 décembre 1894, à compter du jour de leur embarquement à destination de Madagascar.

Quant aux deux brigades à pied envoyées de la Réunion à Tamatave et qui sont entièrement indépendantes de la prévôté, elles seront rétribuées sur les crédits de Madagascar, mais au titre du chapitre 13 de la loi (ministère de la marine) affecté à l'occupation de cette place.

Enfin, l'entretien de la brigade à cheval de supplément dirigée de la Réunion sur Diégo-Suarez sera à la charge du département des colonies aussi longtemps que ce dernier jugera sa présence nécessaire dans un territoire qui dépend de son administration et qui, d'ailleurs, est situé en dehors de la zone probable des opérations.

§ 7. — *Dispositions particulières à la régularisation des dépenses de solde à Madagascar.*

Tous les officiers sans troupe (guerre ou marine) employés dans l'île de Madagascar devant être payés au titre d'un seul et même chapitre, les dépenses les concernant devront être régularisées dans une seule et même revue trimestrielle de liquidation ; il y aura lieu, néanmoins, de faire ressortir distinctement, par paragraphe selon les services, le total des journées et des allocations afférentes aux officiers d'un même service.

Quant aux troupes de la marine leurs perceptions seront régularisées dans des revues de liquidation établies conformément aux prescrptiions en vigueur pour ces troupes.

§ 8. — *Prisonniers de guerre.*

Conformément à la décision présidentielle du 11 mars 1895, les prisonniers de guerre faits à Madagascar auront droit à une ration journalière de vivres, dont la composition sera déterminée par M. le général commandant le corps expéditionnaire.

Ces allocations seront régularisées dans une revue de liquidation d'après les règles admises pour les prestations en nature.

§ 9. — *Tarif du nombre des rations de fourrages.*

Ainsi qu'il est exposé dans la décision présidentielle du 11 mars 1895, les difficultés de ravitaillement et de transport ne permettent pas d'appliquer au personnel du corps expéditionnaire, dans leur intégrité, les fixations du tarif du 16 mai 1894 (pied de guerre).

Par suite, le nombre de montures auquel aura droit le personnel dont il s'agit sera déterminé par le tarif ci-après (page 343), qui sera applicable aux officiers de l'armée de mer comme à ceux l'armée de de terre :

Conformément à la faculté qui lui est ouverte par la décision présidentielle du 11 mars 1895, le général commandant le corps expéditionnaire pourra modifier ce tarif, selon les besoins, sous la réserve de ne pas dépasser la limite maxima du tarif du 16 mai 1894.

En principe, les officiers de tout grade et assimilés appelés à être montés le seront à titre gratuit en chevaux d'Afrique. Toutefois, lorsqu'ils le demanderont, les officiers remontés à titre onéreux en chevaux français pourront être autorisés à emmener les montures leur appartenant, mais à la condition expresse qu'il ne s'agisse pas de juments.

§ 10. — *Indemnité de première mise de harnachement.*

L'indemnité de première mise de harnachement sera attribuée dans les conditions réglementaires à tout officier ou assimilé passant régulièrement pour la première fois à une position montée, sous la réserve qu'il n'aura pas déjà reçu antérieurement cette indemnité, ou la première mise d'équipement des troupes à cheval.

DÉSIGNATION DES GRADES ET EMPLOIS.	NOMBRE de rations de fourrages allouées.
1º ÉTATS-MAJORS.	
Etat-major général — Général de division	3
Général de brigade	3
Colonel	3
Service d'état-major. — Service de l'avant. — Lieutenant-colonel	2
Commandant	2
Capitaine	2
Lieutenant ou sous-lieutenant	2
Archiviste	1
Interprète	1
Service de l'arrière. — Lieutenant-colonel	2
Commandant	1
Capitaine	1
Lieutenant ou sous-lieutenant	»
Service des renseignements et service géographique. — Lieutenant-colonel	2
Commandant	2
Capitaine	2
Lieutenant	1
Etats-majors particuliers de l'artillerie et du génie. — Service de l'avant. — Colonel	2
Lieutenant-colonel	2
Chef de bataillon ou d'escadron	1
Capitaine	1
Lieutenant ou sous-lieutenant	1
Garde d'artillerie ou adjoint du génie	(A) 1
Service de l'arrière. — Lieutenant-colonel	2
Chef de bataillon ou d'escadron	1
Capitaine	1
Lieutenant ou sous-lieutenant	1
2º CORPS DE TROUPES.	
Infanterie — Colonel	2
Lieutenant-colonel	2
Commandant	1
Capitaine	1
Lieutenant ou sous-lieutenant	(a) »
Officier d'approvisionnement	1
Cavalerie — Chef d'escadrons	2
Capitaine	2
Lieutenant ou sous-lieutenant	2
Artillerie et génie — Colonel	2
Lieutenant-colonel	2
Chef d'escadron ou de bataillon	1
Capitaine	1
Lieutenant ou sous-lieutenant	1

(A) Les gardes d'artillerie attachés au commandement de l'artillerie du corps expéditionnaire et les deux adjoints du génie attachés au commandement du génie sont seuls montés.

(a) L'officier-payeur n'est pas monté.

DÉSIGNATION DES GRADES ET EMPLOIS.	NOMBRE de rations de fourrages allouées.
2° CORPS DE TROUPES. (*Suite.*)	
Train des équipages — Chef d'escadron..................	1
Train des équipages — Capitaine.......................	1
Train des équipages — Lieutenant ou sous-lieutenant....	1
Gendarmerie — Chef d'escadron..................	1
Gendarmerie — Capitaine.......................	1
Gendarmerie — Lieutenant ou sous-lieutenant	1
3° SERVICES.	
Service de l'intendance — Service de l'avant — Intendant militaire..............	2
Service de l'intendance — Service de l'avant — Sous-intendant militaire de 1re, 2e et 3e classes.................	2
Service de l'intendance — Service de l'avant — Adjoint à l'intendance............	2
Service de l'intendance — Service de l'arrière — Sous-intendant militaire de 1re et de 2e classe...................	2
Service de l'intendance — Service de l'arrière — Sous-intendant militaire de 3e cl..	1
Service de l'intendance — Service de l'arrière — Adjoint à l'intendance............	1
Service de l'intendance — Service de l'arrière — Officier d'administration des subsistances .... (A)	1
Service médical — Médecin inspecteur	2
Service médical — Médecin principal de 1re classe...	2
Service médical — Médecin principal de 2e classe....	1
Service médical — Médecin-major (1re et 2e classes) .	1
Service médical — Médecin aide-major	1
Service vétérinaire — Vétérinaire de tout grade et de toute classe...................	1
Trésorerie et postes — Payeur principal.................	1
Trésorerie et postes — Payeur particulier	1
Trésorerie et postes — Payeur adjoint..................	(B)
Trésorerie et postes — Commis de trésorerie	(B)
Aumônier...	(C)

(A) Les officiers d'administration des subsistances du cadre de la section ne sont pas montés.

(B) Les payeurs adjoints et les commis de trésorerie recevront un cheval si les circonstances l'exigent.

(C) Les aumôniers des ambulances sont montés (1 cheval). Ceux des autres formations sanitaires recevront une monture si les circonstances l'exigent.

§ 11. — *Cantines à vivres.*

Relativement au remboursement de la somme de 10 fr., représentant la part contributive de chaque officier pour la fourniture des cantines à vivres garnies d'ustensiles qui leur seront délivrées, il y aura lieu d'appliquer les dispositions en vigueur à cet égard pour le cas de mobilisation. Par suite, il conviendra de retenir la quote-part de 10 fr. pour chaque officier, par voie de simple déduction sur les mandats individuels ou les états de solde portant ordonnancement, avant le départ, des indemnités d'entrée en campagne, de telle sorte que l'ordonnancement ne comprendra que la somme nette à payer, défalcation faite des 10 fr. par partie prenante.

§ 12. — *Approvisionnements des imprimés de campagne.*

Les registres et imprimés de campagne nécessaires aux unités désignées pour faire partie de l'expédition de Madagascar leur seront fournis en principe par les corps qui ont été chargés de constituer ces unités. Dans tous les cas, cependant, où ce mode de procéder paraîtrait présenter des difficultés d'exécution, cette fourniture devrait alors avoir lieu par les corps à qui incombe le soin d'établir la comptabilité des éléments en campagne.

La valeur de ces registres et imprimés serait remboursée au corps livrancier par les comptables et officiers des corps qui auront à les utiliser, au moyen d'un prélèvement sur leurs indemnités pour frais de bureau.

Le remplacement au corps livrancier des imprimés et documents fournis devra avoir lieu immédiatement et dans les conditions indiquées dans la circulaire confidentielle du 15 mai 1894.

Les unités mobilisées seront mises en possession des carnets de comptabilité selon le mode prescrit par l'instruction du 10 juin 1889. Les carnets prélevés sur l'approvisionnement général des corps devront être immédiatement remplacés au compte de la masse d'habillement et d'entretien.

Les chefs de bureau de comptabilité fourniront les feuilles de journées (hommes et chevaux) et les divers imprimés nécessaires pour la reddition des comptes dont ils sont chargés.

§ 13. — *Administration.*

L'administration des corps et des fractions de corps employés à Madagascar aura lieu dans les conditions réglementaires.

Dans le cas où un bataillon d'infanterie sera appelé à se séparer de la portion principale pour opérer isolément, l'administration sera exercée par le commandant; néanmoins, l'officier-payeur qui lui sera affecté recevra les indemnités pour frais de bureau prévues par le tarif pour ce cas et fera face aux dépenses qui lui incombent, par une sorte d'analogie avec ce qui se pratique pour les compagnies de fusiliers de discipline.

§ 14. — *Indemnités de route.*

Les indemnités de route allouées aux militaires isolés pour se rendre au port d'embarquement seront, ainsi que les avances de solde, payées sur les fonds de l'exercice courant; mais, en vue des mesures à prendre ultérieurement, s'il y a lieu, les pièces pro-

Paris et Limoges. — Imprimerie militaire Henri CHARLES-LAVAUZELLE.